With LOVE, from L.A. xoxo

コスプレじゃないけど、こういったリアルな役に
成りきるのって大好き。全部やってみたかった設定なの。
ファッションの聖地でもあるL.A.で
ファッションをきちんと見せながら、
L.A.以外では考えられない4つのストーリー。
始まり、始まり〜。

If I was in heaven...

もしもわたしが天国にいたのなら……

star cinema

私は、お気に入りの映画を何回も何回も見返すタイプです。
モデルとしての表現力や感性を高めてくれたり、
映像やストーリーを通じて様々な知識を与えてくれる存在、
それが私にとっての映画（途中で寝ちゃうことがほとんどだけど……笑）。
特に子どもの頃に観た映画には、気がつかないうちに
かなり影響を受けていたんだなぁと今、すごく感じているの。
そんな私の人生に欠かせない4本の映画を紹介します。

キューティ・ブロンドは、数えきれないほど観た映画。サウンドトラックも持っていて、今でも撮影前に気分を上げたいとき、流したりしています。

初めてこの映画を観たとき、女子学生寮の可愛さに驚愕！ 架空の学校だったにもかかわらず「私もここへ行きたい！ お願いだからアメリカの学生寮に入らせて」と駄々をこねて両親を困らせたのを覚えています（笑）。これを観るたびにショッピングへ行きたくなり、ブルー好きだった私がピンク好きへ変わったのもこの頃。

主人公のエルの明るさ、ポジティブさ、偏見なくどんな人でも受け入れる優しさ。私もこんな女の子になりたいと、一瞬でエルの虜に。

ふわふわなピンクの電話、Color Mac、ティファニーのハートのジュエリー、チワワのブルーザー、美意識の高いガールズでいっぱいのバスルーム、バニーちゃんの衣装、ネイルサロンでのダンス……私の"大好き"がいっぱい詰まっています。

LEGALLY blonde

キューティ・ブロンド

STORY: エル・ウッズは、ベル・エア育ちの天然ブロンド娘。ファッション販促を専攻する大学の成績は優秀で、大学イチの人気者。そんなエルが心待ちにしていたのは、政治家をめざす恋人のプロポーズの言葉。しかし「君はあまりにもブロンドすぎる」と予想外の別れ話に。目の前が真っ暗になるエル。しかしそこはポジティブなエルのこと、ハーバードのロースクールに進学する恋人が、そこで花嫁候補を見つけるつもりだと気づいた彼女は、自分もハーバードに入ってヨリを戻そうとファイトを燃やす。日夜猛勉強の末、ついに彼女は合格通知を手にした。

『キューティ・ブロンド』
ブルーレイ発売中
20世紀フォックス ホーム
エンターテイメント ジャパン

アイリス・アプフェル！94歳のニューヨーカー

STORY：94歳にして多くの有名デザイナーたちからリスペクトされ、今なお
N.Y.のカルチャーシーンに影響を与える、アイリス・アプフェルのドキュメンタ
リー。ポップでカラフルなアイリスの世界観を捉えた映像の随所に登場するの
は、先ごろ亡くなった最愛の夫、カール。茶目っ気たっぷりの笑顔とアイリス
が見立てたダンディな佇まいに、美しい二人の夫婦愛が偲ばれる。さらに、「ルー
ルはない。あっても破るだけ」などのアイリスの格言の数々が心に響く。自由で
楽しく生きることとサクセスの両立の極意をあなたに。

『アイリス・アプフェル！94歳のニューヨーカー』
DVD発売中 価格：4,700円+税 発売元：KADOKAWA

　お気に入りのドキュメンタリーといったらコレ。ファッションには正解がない、そして他人のことは気にしないで、自分が好きだと思えるならそれがベストだということを教えてくれた映画。コーディネートの楽しさを知り、幅広くファッションに挑戦したくなりました。

　アイリスのように、歳を重ねても、若いときに出合ったアイテムひとつひとつを身につけていたいし、ギブアップファッショナブルな人でありたい。なんだかアメリカのおばあちゃんノナと、日本のママ森（デザイナーの森英恵氏）を思い出しちゃうの。

　ノナはいつも大きなサングラスをかけて、色んなウィッグを被って、ビッグシルエットの白シャツにタイトパンツでいつもスタイリッシュに決めていました。ジャッキーＯと皆から呼ばれていたそうです。日本のおばあちゃん、ママ森はブラックのスーツをクールに着こなして、ネルシャツにスカーフを首に巻いて、印象的なブローチを胸元につけてヘアにはカチューシャを忘れない。

　2人の祖母は私にとって永遠のファッションアイコンです。こんなにも近くに、インスパイアを与えてくれる人がいて私は本当に幸せものです！

Marie Antoinette

　ソフィア・コッポラの映画に出ることが夢のひとつでもあるくらい、彼女の世界観が大好き！ 先日、パーティでソフィア・コッポラがいて、それを伝えることが出来たの（あなたの映画に出ることが夢です、とは恥ずかしくて言えなかったけど）。“マリー・アントワネット”に出てくる、当時のファッションやヘアスタイル、インテリア、スイーツ、お庭に至るまで本当に夢のよう！ この時代にタイムスリップしたくなるほど。パステルカラーのマカロン、フリルをつけようか迷っているオーダーメイドのドレス、お菓子みたいに並んでいる靴、ケーキを好きなだけ食べている金髪の女の子、お庭でイチゴを取ったり、ミルクをティーに入れて飲んだり……そのひとつひとつのシーンに心をくすぐられる！ シャビーなインテリアも大好きな理由のひとつ。

　パリへ行ったとき、一度だけヴェルサイユ宮殿のマリー・アントワネットの部屋を見せてもらえるチャンスがあったの。今でも、あんな時代が実在していたなんて信じられない

マリー・アントワネット

STORY:14歳のオーストリア皇女は、母マリア・テレジアの命令でフランス王太子に嫁ぐことになる。期待を胸に馬車に乗り込んだ彼女だったが、異国境では衣装から下着までをフランス製のものに変えさせられ、愛犬まで取り上げられてしまう。有名な悲劇の王妃マリー・アントワネットの物語を、1人の女性の成長期としてとらえた宮廷絵巻。監督はソフィア・コッポラ。実際のヴェルサイユ宮殿で撮影された豪華な調度品や衣装の数々は必見。

『マリー・アントワネット　通常版』DVD 発売中
価格：3,800円＋税　発売元・販売元：㈱東北新社

©2005 I Want Candy LLC.

MARY POPPINS

©AFLO

"メリー・ポピンズ"は子どもの頃に母といつも一緒に観ていた映画。

魔法で部屋を片づけるシーンを観て、大嫌いだった部屋の片づけを楽しめるようになり、魔法でまずい薬をおいしい味に変えるシーンで、苦手だった薬を飲むことも克服。メリー・ポピンズの魔法は、私の"嫌い"を全部"好き"に変えてくれたの。

私が歌を歌うことが大好きなのも、この映画のおかげ。この映画の中で流れる音楽はいつ聴いても新鮮で、いい曲ばかり。とにかく夢に溢れている素敵な素敵な映画です。

メリー・ポピンズ

STORY:『メアリー・ポピンズ』を原作とするウォルト・ディズニー・カンパニー製作のミュージカル映画。ある日、空から風に乗って飛んできた家庭教師のメリー・ポピンズがロンドンのとある一家に滞在し、人々を不思議な体験に巻き込む物語。彼女が指をパチッと鳴らすと……。ミュージカル、実写とアニメーションの合成といった手法でファンタスティックな世界を見事に表現。

ART by HARUKA KAMIYA

Twinkle Twinkle
little star

私の名前は森 星。
だからなのか、大人になってから
"星" モチーフのアイテムが
気になり始めました。
ポップなデザインよりも、ドリーミーで
シックなものに惹かれるの。
ちなみに月も好きです。

star

collection

01. underwear/Hanes
ヘインズの星柄ショーツ

1901年にアメリカで誕生したヘインズ。大小の星がちりばめられたこんなキュートなショーツを発見。履き心地も◎。

02. jacket
星モチーフ付きブルゾン

袖に星モチーフ付きのブルゾンはかなりショート丈の、エッジィな1枚。オールブラックだからモードな着こなしに最適。

03. mug/H.P.DECO
星マグカップ

ロックなマグカップはドイツ、ベルリンから発信される陶芸ブランドKuhn Keramikのもの。ゴールドの持ち手もクール！

04. art book/N.Y.
A Night on the Edge of Forever

たまたま通りかかったN.Y.の本屋さんで購入したアートブック。中身はもちろん、カバーのフォントもスタイリッシュ。

05. cellphone case
星型スパンコール入り携帯ケース

キラキラスパンコールがとろりと流れる様はとてもロマンティック。眺めているだけでリラックスできちゃう!?

06. candlestick
星型キャンドルホルダー

ちょうど星の真ん中にキャンドルが置ける仕組みに。オールシーズン、屋外で上から吊るしてロマンティックな夜を。

07. message card
キラキラしたメッセージカード

受け取った相手が嬉しくなるような、キラキラ文字のメッセージカードは何枚あっても欲しくなる。部屋に飾っても素敵。

08. pot stand
星型の鍋敷き

和なイメージが強い鍋敷きも星型ならテンションが上がる!?そのままテーブルに置いておいても様になる逸品。

09. photo box
写真入れ

思い出の写真を保管できるボックスも星柄をチョイス。お気に入りの1枚を飾って、写真立てとしても使える便利もの。

10. AIR FORCE I/NIKE
星柄のエア フォース I

NBA ALL-STAR GAMEを記念して発売されたNIKE AIR FORCE Iはなんと3Dの星柄！　マニア垂涎の1足。

01

02

03

04

A Night on
the Edge of
Forever

05

06

07

HAVE
DIPLOMA.
WILL
TRAVEL.

08

09

10

01

02

03

04

05

06

07

08

09

10

28

star

collection

01. decoration/AXIS
星型ミラーオブジェ
アーティスティックなミラーオブジェはインパクト十分。シンプルなインテリアを華やかな雰囲気に変えてくれる。

02. decoration
白い星のオブジェ
白い星型のオブジェはちょっと海っぽい雰囲気。本棚やリビングなどに飾って、お部屋のアクセントとして活用。

03. room slippers/BEAUTY&YOUTH
星つきバブーシュ
一見シンプルながら、大きなゴールドのスターがしっかり鎮座。運気が上がりそうなバブーシュは部屋用スリッパとして。

04. sleeping robe/vintage
ヴィンテージのガウン
星や月などのモチーフが描かれた真っ赤なガウンは高円寺のヴィンテージショップで購入。いい夢が見れそうなデザイン。

05. choker/ZARA
星モチーフつきチョーカー
大きめの星型モチーフつきのチョーカーは、今シーズンのトレンドアイテム。カジュアルコーデにプラスしたい。

06. choker/ZARA
星＆月モチーフつきチョーカー
細いベロアのヒモをぐるぐる巻きつけるタイプのチョーカーと、細いチョーカーの2本セットだから使い勝手抜群。

07. bangle
星つきバングル
シンプルなシルバーバングルにさりげなく星モチーフが。大人っぽく使える星アイテムはほどよいコーデの外しに大活躍。

08. garland/BONTON
星型ガーランド
星型のペーパーで出来たカラフルなガーランドは飾るのがもったいないくらいキュート。ちょっとしたホームパーティに。

09. earrings/Santa Monica
星型3連ピアス
古着屋さんのサンタモニカで購入。大きめサイズなのでカジュアルな着こなしに合わせるのが正解。揺れる感じが可愛い。

10. notebooks
キラキラと星柄のノート
キラキラのノートはケイトスペードのもの。星柄ノートの中身は色々なイラスト入りで、アート性の高い作りに。

Dear Mom

Mom is the source of my strength.
It's because of everything she taught me I am who I am now.

ママは私のエネルギーの源。大事なことを教えてくれる存在です

私のママはとても明るくてオープンな人。友達に会わせると私や家のことを包み隠さずに何でも話しちゃうから、子どもの頃は恥ずかしい思いをしたこともありました。だけど、みんなママに会うとファンになっちゃうの。誰にでも分け隔てなく接するところや同じ目線で見るところは、昔から尊敬しているし、見習いたいなと思っていました。特に仕事を始めてからはママのそんなところをお手本にするように。自分をさらけ出した方が相手との距離も縮まるし、壁を作ってかっこよく見せるより、ありのままを見せる方が魅力的で自分も楽だということに気がついたの。そしたら、ますますママに似てきちゃった(笑)。

ママには、「ありがとう」や「ごめんなさい」という基本的な言葉の大切さから、人に対してリスペクトを持つことを教わりました。そして、謙虚な気持ちを忘れないこともすごく大事だよって。例えば、自信のない仕事が入るとセンシティブになってママに電話するんだけど、そうすると「It's gonna be good」、物事は考え方次第で変わるから、と励ましてくれる。そして「私も一緒に祈っていてあげる。愛してる」って。そうすると絶対にいい結果になるんです。でもあまりやりすぎるとジンクスがなくなっちゃうから、本当に「もうダメ!」っていうときだけにしているの。

My mom is a really bright, open person. When she meets my friends, she talks about stuff at home and about me without any reservation so there were definitely moments where I'd be embarrassed about it. But whoever does meet her absolutely adore her! Whether it's someone she's just met or someone she's known for ages, she treats everyone the same and I really look up to her for that. Also, when I first started working, my mom had been my role model even then. To open myself up a bit more and close the distance between me and others, to show my true self is not only appealing as an idea, but it's good for me, too. Just based on that I think I'm becoming more and more like my mom!

Of course the standard expressions like "thank you" or "I'm sorry" are important but I was also taught that one always has to respect others. Adding to what I already know is also something I was taught to keep in mind. For example, when I had no confidence pursuing a particular job and I'd be really sensitive about it, I'd call mom. "It's gonna be good," she says, encouraging me not to overthink things and relax a little bit. "I'm hoping and praying together with you. I love you." With that, good results always come! But overdoing it jinxes me instead so it's only when I feel like I absolutely can't do something that I call on mom for her magic.

A girl's dream to fame

ハリウッドを夢見て

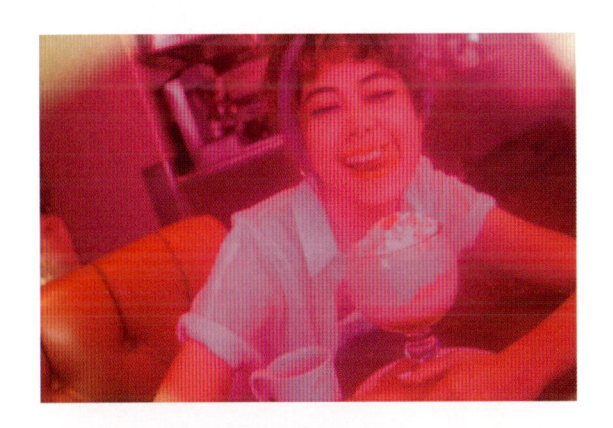

SERVICE

3770

The End

PRESENTED BY HIKI

LOVE

**"I am... the spoiled one in my family lol
I've been raised around a lot of love and affection from
both my parents and my older siblings and
I'll always be grateful for that!"**

── 家族の中で私は、SPOILED（笑）
両親と兄姉にたくさんの愛情をもらって育ったこと、心から感謝！

　5人兄姉の末っ子で育った私。子どもの頃は家族から「星って本当にS・P・O・I・L・E・Dだよね」って言われていました。子どもの私に分からないようにアルファベットで言っていたと思うんだけど、子どもながらに嫌な感じがして辞書で調べたら「わがままな甘えん坊」みたいな意味。そんなこと言ってたんだ、ひどい！ と憤慨したことを覚えています。兄姉たちはよく両親に「星に甘すぎない？」って言うんだけど、確かに甘い（笑）。例えば塾も、みんなはちゃんと行かなきゃいけなかったのに、私がちょっと泣いて「行きたくなーい」と言っ

I'm the youngest of five kids. When I was still a child my family would spell out the word S-P-O-I-L-E-D instead of saying it so I wouldn't understand what it meant. So one day, I looked up in the dictionary for the definition of "spoiled" and remember thinking that that was so mean of them to call me that. My siblings had asked my parents if they were too lenient on me. Like when I had to attend cram school, if I cry about not wanting to go, I'd be allowed to skip it. But because I'm now more aware of my good

たら許してもらえたり。でもそれが自分の悪い部分にも良い部分にもなったということは分かっているから、大人になった今、SPOILEDは気をつけようと思っています。

　両親が末っ子の私に甘いといっても、やっぱりダメなものはダメ。姉の泉がモデルをしていたこともあって、小学生の頃からモデルという仕事にすごく憧れていたんだけど、父が子どものうちは表に出るのは禁止って許してくれなかった。でも、今となってはす

and bad points, I try not to come off too spoiled as an adult. Even though my parents doted on me, the youngest, when things were off-limits, they were definitely firm. My older sister Izumi had begun modelling and so I yearned for that too since middle school. But my dad wouldn't allow me to pursue it until I was done with school. It's okay though, because I'm doing it now and I'm so grateful! I took full

ごく感謝！ 学生の時間をめいっぱい楽しんで、自分というものをしっかり育てられたからこそ、今こうやって楽しくお仕事が出来ているんだと思うから。当時の父は、私を檻に閉じ込めようとしていたわけじゃなく、将来を見通してさらなる可能性を広げてくれたんだなと大人になって気が付きました。

　いつか私も結婚して子どもができたら、両親のように子どもの可能性を信じて伸ばしてあげられる親になりたいなと思っています。

advantage of my time as a student and enjoyed myself as much as I could, and I think I've made sure to enjoy my work that much. At that time, it wasn't necessarily that my dad was imprisoning me but it was just that I had become entirely focused on this future I wanted for myself.

When I get married and have kids of my own, I feel like I'm going to turn out just like my own parents!

> **"There are times when I lose my way and grow unsure of myself but I still love my job.**
> **Even during those trying times I find a way to get over it and then I find that I want to challenge myself more!"**

── 迷った時もあったけど、仕事は大好き。
そんな時期を乗り越えた今だからこそ、さらなるステージへ挑戦したいな

仕事を始めた頃は毎日が刺激的で楽しくて、いろいろ挑戦したかった。仕事もすればするほど自分の世界が広がっていきました。ただ、続けていくうちに自分を100%出せないときもあったんです。もちろん人間だから当たり前なんだけど、私は意外と完璧主義だから必死になっちゃって。ちょうどテレビにも出始めた頃で、ナチュラルにやっているつもりが、ふと気

When I first started working, everyday felt purposeful so it was really enjoyable. I thought that as long as I got to work, everything was okay. I tried out a lot of different things. But there were moments where I felt inside that I wasn't at my 100% and questioned myself. Of course it's natural because we're only human, but my own perfectionism was driving me crazy. I had just started appearing on TV and I

がついたら、「私は誰？ 私って何だっけ?」状態に。そしてある日、家の外に出られないほど仕事に行くのが怖くなったんです。今思い出しても泣きそうなくらい、あのときは辛かったな。時間ギリギリまで泣いていて、で

had planned on being completely natural until suddenly I was struck with thoughts of "Who am I? What am I?" and the like. Then one day I was so terrified of going to work that I couldn't even get myself out the door. Even the memory of it now makes

も仕事だから行かなきゃって。その時に改めて仕事に対する責任感というのを知ったし、自分の方向性をちゃんと考えるようになりました。そして、こんな弱っちい私を支えてくれる家族や仕事仲間にさらに感謝するようになりました。母のモデル時代からの仕事仲間で、私のことを昔から知っているモデル事務所の社長さんもそのひとり。昔いただいた手紙は、今でも時々読み返しています。

　いろいろなジャンルの仕事があって、たくさんの道がある今の時代だからこそ、これまでの経験を生かして、私も自分の強みを作っていけた

me tear up a little bit. That was a really terrible time. But because it was work, I let myself cry but I forced myself to go. It was the first time I really acknowledged a sense of responsibility in myself and I resolved to think over my future course of action. My family and work colleagues were of incredible support during that really low point and I'll always be grateful for it. When my mom was modelling, I had known one of her colleagues from back then. He had given me a letter that I sometimes reread.

There are plenty of beautiful and creative people flourishing in their own ways. I wanted to fully utilize my past experience so

らと思っています。日本をベースに世界も見てみたい。生まれ育った日本の、いわゆる「カワイイ」というのも持ちつつ、発信するものが、どの国の人から見てもかっこいいと思われる存在になれたらいいな。

　祖母の森英恵のスタンスでもある「容姿だけというのではなく、自分の才能や感性で勝負する」ことを最終的には目指したくて、その第一歩が近い将来にある気がしています。以前パリへディオールのショーを見に行ったときに、昔からそこで働いているおじいさんにデザイナーとしての祖母の逸話を聞いて、改めてリスペクトしたし、そこが自分のルーツだなと感じました。昔は家族の名前で注目されることに抵抗があったんだけど、24歳になってようやく自信が持てるようになってきたし。

I tapped into my own strengths. Japan was my base, but I wanted to see the world, too. Being born and raised here, "kawaii" was common, but I was thinking that it might be cool and different to people from other countries. So I am trying to focus on making myself this person who could transmit that coolness to the rest of the world.

My grandma has a saying: "Don't just rely on appearance; it's your talent and sensibility that counts." And so, I've kept my focus on that and feel the near future coming to be. Before, I had gone to Paris to watch a Dior show. I had a chat there with this old man who had been working there as a designer and he had stories to tell in relation to my grandma. Upon hearing them, I grew more respectful and thought with wonder that those were my roots. Back then even before this, attention drawn based on my family

先日、カメラマンの方が「自分のルーツをたどることで出る自分らしさ、自分にしかできないことがある」って話をしてくれて、すごく共感したんです。私もちょうどそういうことを考えていたから。新しいフィールドでの挑戦だから、これから壁にぶち当たることも多いと思うけど、今はそれさえもすごく楽しみに思っています。

name made me uneasy. But now, having turned 24, I feel like I can tout the relation with pride. A few days ago, a cameraman said to me, "Follow the course of your roots and you won't be alone." That hit home with me because I just about think along the same lines. I think in new territory where there are challenges, and walls and barriers, I let myself relish it now. Bring it on!!

"LOVE is so important to me.
Through fashion or culture, I'm greatly inspired by my peers!"

—— LOVE は私を高めてくれるもの。
ファッションもカルチャーも相手からいい影響をもらってる！

家族、友達、仕事、すべてにおいて私にLOVEは必要不可欠。私の場合は、リスペクトからLOVEが始まるから、相手のことをすごく大切に思っているし、影響もたくさん受けています。例えば、ファッションだったりアートだったり、感性を刺激し合える関係が理想。学ぶことも多いから、自分の周りのLOVEな人たちにはいつも感謝しているよ。
　そして、女の子ってお付き合いする人によって着る服や聴く音楽が変わったりするよね？ それもLOVEのいい所だと私は思っていて。例えば、相手がロック好きな人だったら古着に興味を持ち始めたり、ナチュラル志向な人だったらアースカラーにハマったり。

With family, friends, work, and everything in between, LOVE is absolutely indispensable. For me, because love grows from respect and because I'm constantly influenced by those around me, I consider my peers very important. For example, I'm particularly drawn to people who are sensitive to the goings-on in art and fashion. I still have a lot to learn, so I'm grateful for people I surround myself with – the ones I associate with LOVE. Most girls taste in clothes and music usually changes depending on who they're with. That's also something I think is a plus point of what I associate with LOVE. Like when I happen to be around people who love rock, I started growing interested in vintage clothes and tried going for a more natural,

ミュージックリストもガラリと変わる感じ、けっこう好きです。そんなふうに、メンズファッションやカルチャーなど、今まで知らなかったことを知れることは大きな成長。LOVEは自分をブラッシュアップさせてくれるものだから、私はいつもLOVEしていたいな。もちろん、すればいいってものじゃないし、自分をしっかり持ったうえでのLOVEだとは思っています。

　相手と良い関係を築きたいなら、思いやりと努力が必要。当たり前だけど、育ってきた環境はみんなそれぞれ違うから、意見が合わないこともあるし。

effortless look in general. Even though my music playlists drastically changes, I've grown to really like it! Similarly, thanks to my guy friends, my knowledge in men's fashion and culture has been lacking until now, but has grown a little bit more than before. LOVE is others helping me constantly build on what I knew before, what I loved before. Naturally, I want to constantly grow in that LOVE. Of course, before you can love others properly I think you've got to be sure of who you are as a person and love yourself first. That's LOVE. To build up good relationships, being considerate of others is a necessity. I was raised with the

This is papa ♡

だからこそ、自分でプラスしたりマイナスしたり歩み寄ることが大事だと思うんです。お互いにないものを与え合う関係っていいですよね。そして、そんなLOVEの先にはいつか結婚という形もあるのかな。今はまだ全く考えられないけど、私に大きなLOVEを与えてくれる父と母のようなファミリーを作れたらいいなと思っています。

knowledge everyone is so different from one another so there are also obviously different opinions on everything. Because of that, knowing of my own strengths and weaknesses, compromise is something I take very seriously. Of course, mutual agreement is always best, isn't it? In that way, I wonder sometimes if there will be someone I end up marrying after all. I'm definitely not thinking about it for now, but seeing my parents and the family they created together makes me wonder if I could have that someday too.

LOVE
Back to my roots...
Back to the beginning

いつもハンチング帽とシャツをダンディに着こなす曾おじいちゃんのヌーヌー。イタリアンマフィアチックでスタイリッシュなの。

5歳のときに作った指輪。スパンコールとプルタブとアルミホイルで出来ているのです。

モデル時代の母。雰囲気といい画角といい、大好きな1枚。

アリゾナフラッグスタッフにある、おばあちゃんノナの家の裏庭で母と。何を考えていたのか、2人ともなぜかシリアス顔（笑）。

LOVE♡

Picasso Hikari ltried...

HiKARi 07

5歳のときに母と作った手形。こんなに小さかったのねぇ。

幼稚園で描いた絵たち。右の絵のプードルはおばあちゃんが飼っていた太郎。左の絵は虫がとまった瞬間をとらえたシュールレアリスム。

Dance like me ♪

この頃からドレスアップするのが大好きだったの。長い髪に憧れていて、よくパジャマのパンツを頭に被っていたなぁ（笑）。

お昼寝タイム。だけど母はしっかり起きていて、カメラ目線（笑）。

このぐらいの歳からお花が大好きで。見つけるたびに、摘んでは耳にかけて髪飾りにしていたの。

母と一緒に友達のホームパーティへ。このブルーのワンピースがお気に入りだったのを覚えています。

MY-pod

子どもの頃、パパが車の中でかけていた曲。
カリフォルニア出身のママのお気に入り。
オールディーズ。まだティーンエイジャーで、
留学帰り直後のお姉ちゃんたちが聴いていたヒップホップ。
ギター片手にアカペラで歌っていたお兄ちゃんたち。
初めて買った鈴木亜美さんのCD。
友達とカラオケで歌ったヒットソング。
私が触れ合ってきた音の数々。それは最高の宝物。

▶ MY FAVORITE SONG

いつでもどこでも安定の一曲。今までもこれからも……。

Nat King Cole – L-O-V-E

▶ WORKING

集中力を要するモデル業。
テンションキープするための音はマスト。

Beyoncé – Love On Top

Cyndi Lauper

"Girls Just Want to Have Fun"

Earth, Wind & Fire

"September"

The 1975

"The Sound"

TLC

"Waterfalls"

▶ CHILLIN'

1日のどこかで自分を解放する大切な時間。
のんびり、ゆっくりと。

Lionel Richie – Easy

Al Green

"Let's Stay Together"

Michael Jackson

"Heal the World"

美空ひばり

"愛燦燦"

The Carpenters

"Top of the World"

⏵ TRAVELING

機内等、移動時間の多い旅行にだって
音楽は欠かせない。

Joe Dassin – Les Champs-Élysées

Ariana Grande
"Honeymoon Avenue"

久保田利伸
"LA·LA·LA LOVE SONG"

サザンオールスターズ
"真夏の果実"

宇多田ヒカル
"First Love"

⏵ KARAOKE

私のリフレッシュには絶対の"カラオケ"。
マイナンバーをご紹介！

松田聖子 – SWEET MEMORIES

aiko
"ボーイフレンド"

今井美樹
"PRIDE"

Marilyn Monroe
"I Wanna Be Loved by You"

Peabo Bryson & Regina Belle
"A Whole New World"

▶ WORKOUT

美は1日にして成らず。だから飽きのこない、
永遠に愛せる曲とともに、今日もファイト！

SPICE GIRLS – Wannabe

Britney Spears
''Baby One More Time''

Donna Summer
''Bad Girls''

Sir Mix-A-Lot
''Baby Got Back''

Taylor Swift
''Shake It Off''

▶ CHILDHOOD

子どもの頃に聴いた音楽は私のルーツ。
ノスタルジックで温かい。
いつでもホッとできる場所。

The Jackson 5 – ABC

ブラック ビスケッツ
''Timing''

Elizabeth Mitchell
''You Are My Sunshine''

三人祭
''チュッ！夏パ〜ティ''

The Temptations
''My Girl''

RED

幼稚園ではグレーや白の折り紙を選んでいて、
小学生のときの好きな色はブルーで、
中学生になってピンクに囲まれるのが好きになった私。
今、好きな色は赤。リップに塗るマットな赤、
ネイルのフレッシュでジューシーな赤、
ホリデーに飾りつけられるハッピーな赤。
真っ赤なドレスなんて着たら、もう心が踊っちゃう!
祖母には「派手なんじゃない?」って言われるけど、
私はその刺激的なところが好き。不思議と気分が上がる色。

RED 55

NEVER ENOUGH
RED LIPSTICK

NEEED A RED DRESS!!

#jessicarabbit ♡

XOXO,
Hikari ♡

CAN'T STOP WON'T STOP
xoxo

#essentials

#OOTD

EVEN FOR MY BARBIE!

CHERRY P♥P

WINK + SMILE ~

#lifeisgucci ♡

Season's Greetings!

I'M A TEA PERSON

コーヒーかティーか聞かれたら、
私は断然ティー派！
その理由は次のページに♥

01

Yogi Immune Support, Skin DeTox

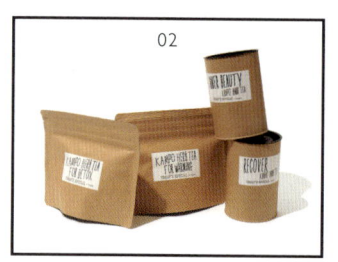

02

KANPO HERB TEA

03

CHAMOMILE HONEY TEA,
get gorgeous, COCONUT CHAI,
MILK THISTLE

FOR ALLERGIES!!

04

MARIEN APOTHEKE Vitalmischung

FOR BEAUTY

EVERYDAY I FEEL LIKE I CAN GROW AND FEEL MORE BEAUTIFUL THROUGH THE POWER OF TEA.

　yogiのSkin DeToxやピンクのget gorgeous、漢方ハーブティーのinner beautyは身体の内側からキレイにしてくれるティー。飲むだけで肌がツルツルになります。ウエイトロスや身体の調子を整えてくれる緑茶も欠かせません。マリエン薬局のハーブティーはネットで購入。花粉症の症状をやわらげてくれる効果があるの。

Yogi's "Skin DeTox", Pink's "get gorgeous", Kanpo Herb Tea's "inner beauty" teas are literally for beautifying from the inside out. Drinking any of these makes my skin clear and radiant but for weight loss and general wellbeing, Japanese green tea is essential. I also find that this specialist herbal tea from Marien Remedy pharmacy that I order online is really effective for any hay fever symptoms.

Detox tea 【デトックスティー】

基本的には、デトックスや食べ過ぎたときのお腹を休めるために飲むことが多いです。ナチュラルだし、おいしいし、ヘルシーだし、素敵な飲み物だと思いませんか？

Specifically, when I eat a bit too much and wanna give my tummy a rest is when I'll drink a lot of tea. It's natural, it's delicious, it's healthy – what's there not to like?

Nighty Nightは寝つきを良くしてくれるハーブ、ヴァレリアンのティー。Throat Coatは風邪でのどが痛くなったときに。できるだけオーガニックのものを選んでいます。

"Nighty Night" is a herbal tea that warms me from the inside and helps me sleep. "Throat Coat" is a tea that helps soothe my sore throat when I get a cold. I always choose organic teas.

フォートナム＆メイソンのガラスのポットで淹れて飲むのが好き。気分でココナッツミルクやアーモンドミルク、ハチミツを混ぜたり。そんなアレンジも楽しいの。

I especially love when I can take the time to sit down to properly drink tea with my favorite tea set from Fortnum & Mason. When I feel like it, I'll sometimes add coconut milk or almond milk, or honey. I enjoy that combination too!

USDAとは、United States Department of Agricultureの略称で、米国農務省のこと。USDA認定ガイドラインの概要は、3年以上農薬・化学肥料を使っていない耕地で栽培された、オーガニック原料を使っていること。100%有機栽培で育てられた原料を使っている(100% Organic)、水分と塩分を除き、重量ベースで95%以上がオーガニック原料を使っている(Organic)。

ART by KEI SEKIKAWA

ART by dalazdaakaa

古着屋さんへは必ず誰かと一緒に行きます。
ママや兄ちゃん、おしゃれメンズ、
自分とは感覚が異なる人たちと。
そうするといつもは手に取らない
アイテムと出合えるの！

L.A.のヴィンテージマーケットにて。リメイクものを筆頭に、掘り出し物がたくさん！　ブースそれぞれに個性があるから飽きないの。

ヴィンテージのスカーフは、髪に巻いたり、ベルト代わりにしたり。ワードローブに掛けているだけで華やかになる便利アイテムです。

OLD

プリプリなガーリィウエアもヴィンテージなら許される気がする。こんな可愛すぎるワンピを、まだまだ着ていたいお年頃♡

ベルトは時間が経って味が出ているぐらいが好み。お気に入りはコンチョベルト。'70sにタイムスリップしてウエスタンガールになれちゃうの。

CELINE

ハナエモリのヴィンテージジャケットとシューズ。シルエットが美しいジャケットはあえてルーズなデニムに合わせて、カジュアルダウンを楽しんでいます。

ブランドのロゴ入りアイテムたち。
あえてのミーハー感が逆にすごく
可愛いでしょ。色んなブランドも
のを集めたくなっちゃう。

右のゴブランのジャケットは、マ
マに勧められて購入。自分では手
に取らない素材だから新鮮でし
た。何歳になっても着られそうな、
ヨーロッパ特有の上品さが好きで
す。左のセーターはお兄ちゃんに
勧められて。ここまでカラフルな
のも珍しくて気に入っちゃった！

L.A.のWORLD OF VINTAGE T-SHIRTSに
て。常時2000枚以上の品揃えを誇るヴィン
テージTシャツの名店。

Underneath it all

レースやシルクの質感等、その繊細さが
ランジェリーの最大の魅力だと思います。
昔はスパンコールつきとか、
派手なものが好きだったけど、最近は黒オンリー。
"もう一生、黒" って決めてから、
ランジェリーをもっともっと
楽しめるようになったの。不思議!!

The transparency of tulle,
  cheery polka dot patterns,
heart-shape motifs,
    sleek black lingerie pieces

— these elements contrast
      with each other to
create a dramatic story.

A robe wrapping and flowing
and stroking against skin

— that soft touch
of fabric makes me
feel sexy and sensuous.

about the body

The delicacy of lace is
both sweet and seductive,
like a beautiful sugary pastry.

It's hard to resist!

UPCYCLE

あるスタイリストさんがすごくおしゃれなレザージャケットを着ていて「それどこの?」って聞いたら「昔に買った、なんてことないものよ」って。そのとき、私も物を大切にして、歳を重ねてから同じものを身につけて「それどこの?」って聞かれたときに同じふうに答えたい!と思っちゃいました。時間はお金で買えないわけだし、そろそろ自分のシグネチャーアイテムに巡り合って、大切にリメイクしながら何度も愛して、長く使っていきたいな。

(what you'll need)

DENIM JACKET WITH BADGES

お気に入りのGジャン

＋

缶バッジやピンバッジをお好みで

色んな国へ行ったときに買ったバッジやもらったものを集めて、
ゴールはGジャンをバッジで埋め尽くすこと。それを80歳で着るの。

① バランスを見ながら、好きな場所に缶バッジやピンバッジをつけていく。インスピレーションが大事。

② 新しいバッジにつけ替えたり、季節や気分に合わせてチェンジするのも楽しみ方のひとつ。

TIE-DYE T-SHIRTS

タイダイTの作り方は昔、ナチュラル系にハマったときに覚えました。
可愛く作るコツは白い部分をできるだけ多く残すこと。

① 染めたい部分をつまんで、ねじって輪ゴムで固定。ねじれ ばねじるほど模様が複雑になってクールな仕上がりに。

② ねじった部分を染料に直接浸けたり、細かい部分は染料を入れたドレッシングボトルを使って染める。

③ 通気の良い場所や屋外で1日乾かす。しばらくは染料が滴ったり、色移りしたりするので要注意。

④ 輪ゴムを外して模様をチェック。たっぷりの水で残りの染料を洗い流したら完成。

(what you'll need)

白Tシャツ
+
タイダイの染料
好きな色をチョイスして
+
ドレッシングボトル

EMBELLISHED SNEAKERS

こういう作業って本当に楽しい！ いつもは靴ヒモにパーツを
つけたりもするの。プレゼントするなら箱にメッセージを書いたりね。

(what you'll need)

リメイクしてもOKな スニーカー	ラインストーンや スタッズをお好みで	グリッターや絵の具を お好みで	カラフルなリボンや ヒモをお好みで

① スタッズやラインストーンを、グルーやペンチでスニーカーの好きな場所につけていく。

② 既存のヒモをリボン等につけ替える。2、3種類のリボンを編んで1本のヒモ状にして使用しても可愛い。

③ ソールやボディ部分を絵の具やグリッターで色づける。もちろん箱もデコレーション！

① ワッペンをつけたい場所に
置いてみて、全体のバラン
スをチェック。ここでつけ
る場所を決める。

② アイロンや糸でワッペンを
ボディにしっかりつける。ア
イロンのあとに軽く糸で固
定するのが◎。

③ 襟部分や袖口にハサミで2、
3ミリ程度切り込みを入れ
るとヴィンテージ感が増し
てカッコいい!

お気に入りのMA-1

ハサミ

(what you'll need)

ワッペンをお好みで。
こちらは原子力空母ジョージ・ワシントン
戦闘機訓練部隊の正式ワッペン

ワッペンはあえて本格的なものを使って、ちょっとヴィンテージっぽい
加工もして、っていうのがクールな気がします。

MA-1 ♡ ♡ ♡ ♡ ♡ WITH PATCHES

WATER BABY

子どもの頃から、夏は毎年
アリゾナで過ごしていました。
2ヶ月間ほどの長いバカンスの中で
一番の楽しみはプール。
だからアリゾナの思い出=プール。
プールに限らず海とか、
とにかく水が好きです。
浮いているだけで
リラックスできる最高の場所。

The sound of bubbles underwater,

like when scuba-diving -that sound heals me.

My mind clears and the world falls away,

feeling like an illusion.

Don't wanna grow up!

大人になんてなりたくないの

YOUR SMILE MAKES
EVERYONE HAPPY.

WORK IT

I'M WORKING TOWARDS MY DREAM BODY.

24歳になって、身体はより女性らしくなって、
昔は気にしていなかったことが今は悩みになってしまったり、
コンディションの浮き沈みが激しくなって、
自信がなくなっちゃうときも、正直ある。
だからね、やっぱり身体を動かすことってすごく大切。
"ハッピー" に繋がるから。ワークアウトに集中するとポジティブに
なれるし、身体が変化していくのはすごく楽しい。

"Treat your body like a temple"
ママはいつもこの言葉をかけてくれました。
遊び過ぎたり、飲み過ぎたりしたとき、仕事が忙し過ぎて
十分に睡眠を取れなかったとき。そんなときこそ、
身体をケアしてあげることを忘れちゃだめ、って。

my custom bike

キャットストリートにあるライダースカフェで購入した自転車に、フライングタイガーのフリンジをつけて完成したMyバイク。子どもの頃に買ってもらった自転車はなぜかすごく地味だった。だからフリンジつきの可愛い自転車にずっと憧れていたの。大人になって念願のピンク自転車をget。やっと叶った私の夢。

THESE ARE MY FAVORITE GYMS AND OTHER HEALTH-RELATED PLACES TO HELP ME KEEP IN SHAPE!

Radian ラディアン

代官山にある隠れ家のようなサロンでは、マッサージを中心とした施術で内側からじっくりアンチエイジングケアを。

㊐東京都渋谷区鉢山町 3-25 セボン代官山 108
☎03-6415-4676 ㋐12:00 〜 21:00
土日祝 11:00 〜 20:00 ㋠月曜日
Ⓨショートデトックス　90min ¥23,000

小笠原直美さん
「来る度ごとに輝きが増している星さん！ 受けていただいているショートデトックスは、ゲルマニウム温浴やマッサージを組み合わせたデトックスプログラムです」

資生堂 サロン&スパ 銀座

ラグジュアリーホテルのような店内で、一人ひとりに合わせたていねいな施術を堪能。 全身と肌の状態を見極め、肌の乱れを整えてくれる。

㊐東京都中央区銀座 3-2-15 ギンザ・グラッセ 4F
☎0120-36-0487 ㋐11:00 〜 21:00
㋠施設の休館日に準ずる
Ⓨ Qi トリートメント（フェイシャル）
90min ¥21,600（税込）

椿 早紀さん
「星さんはハッピーでとても素敵な方。撮影前ということで、顔、背中、胸元が中心のコースを受けていただきました」

渋谷 DS クリニック 渋谷院

医学的根拠に基づいた「正しいダイエット」を提案してくれるクリニック。 中でも代謝を活性化させる高周波治療は人気No.1のメニュー。

㊐東京都渋谷区渋谷 3-11-2 パインビル 1F
☎0120-951-135 ㋐11:00 〜 20:00 ㋠無休
Ⓨ高周波治療　腹部 ¥25,000、上半身（腹部・背面・腕）¥33,000、下半身（腹部・脚）¥30,000

佐々木尚子さん
「明るくてフレンドリーな星さんに私が癒されてます（笑）。高周波治療は終わった後に身体を触るとすでに違うのがわかりますよ」

Dr.Body ドクターボディ

美のプロが本気で通う小顔とボディケアを中心とした美容整体サロン。ダイヤモンドコースは全身のセルライトやむくみを集中ケアし、3D小顔に整える充実コース。

㊟東京都渋谷区恵比寿西 1-3-10 EBISU TANAKA BLD. 4&5F ☎03-3462-5022
⊛11:00 〜 22:00 (20:00 最終受付) ㊡不定休
Ⓥダイヤモンドコース 80min ¥18,000

岩井雅顕さん (プロデューサー)
「星さんは特に目が魅力的なので、それをさらに大きく際立たせるように整えています。また猫背を矯正してバランス調整をしています」

Reebok CrossFit Heart & Beauty
リーボック クロスフィット ハート アンド ビューティ

引き締まったボディ作りを目指すのにオススメのワークアウトジム。トレーナー AYAさんのレッスンはモデル、女優に大人気。

㊟東京都港区西麻布 3-13-3 カスタリア広尾 B1F
☎03-5785-2365 ⊛6:30 〜 21:30、
土日祝 8:30 〜 14:00 ㊡無休
Ⓥプレミアム¥30,000 /月、週 2 回
メンバーシップ¥20,000 /月、1 日利用¥3,000

AYA さん
「運動が苦手と言っていた星ちゃんがこんなにハマってくれて嬉しい! (笑)　基本メニューを中心に、その人の体型に合わせた身体作りを提案しています」

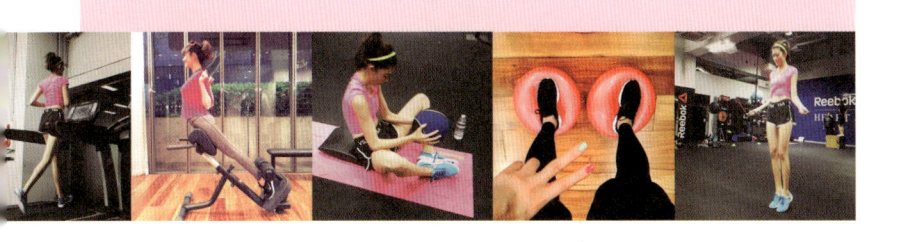

VICTORIA'S SECRET
VSX SPORT

SPORTS BRA

WC

SWEAT BAND

adidas

CROP TOP

NIKE

NIKE FREE FLYKNIT

Reebok

TANK TOP

adidas

SHORTS

Calvin Klein

T-SHIRT

Reebok

ZPRINT RUN

NY Yankees

CAP

PINK YOGA
VICTORIA'S SECRET

LEGGINGS

adidas×Kanye West

YEEZY BOOST 350

HERE ARE THE THINGS I WEAR TO DO IT!!

NIKE

HAIR BAND

VICTORIA'S SECRET
VSX SPORT

SHORTS

adidas by Stella McCartney

POUCH

VICTORIA'S SECRET
VSX SPORT

SPORTS BRA

Y-3

yohji boost

VICTORIA'S SECRET
VSX SPORT

SHORTS

T-SHIRTS
FOR
LIFE

Tシャツって面白い。ヴィンテージショップに山ほどあっても、価値は自分次第。袖の長さや首回りの開き具合ひとつで全然違うし、だからこそ、ぴったりなものに出合ったときの喜びといったら！　１枚１枚にヒストリーがあるのもいい。例えば気に入ったミュージックTがあって、その知らなかった音楽にも興味が湧く。世界がどんどん広がっていくの。旅先で買ったTシャツもいいよね。思い出をファッションにしていくって素敵じゃない？

JAPANESE GIRL

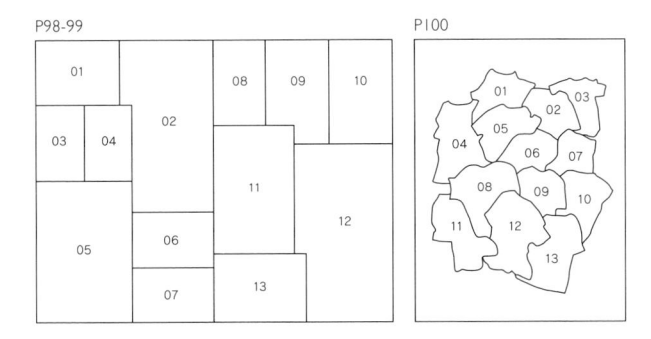

P98-99

01	08 09 10
02	
03 04	11
	12
05 06	
07	13

P100

01 02 03 04 05 06 07 08 09 10 11 12 13

P98-99 ITEM

01 2年前にTV番組「another sky」で行った、アリゾナのガソリンスタンドで購入　02 Fear of god／GR8

03 BAE／Marginal Press　04 LABORATRY/BERBERJIN®　05 インスタグラムのアカウント@selenahelios のもの

06 ネットで購入　07 L.A.で購入　08 G.V.G.V. FLAT／k3 OFFICE　09 Long Beachで購入　10 LABORATORY/BERBERJIN®

11 LABORATORY/BERBERJIN®　12 Richard Kern / Hysteric Glamour／Marginal Press　13 高円寺で購入

P100 ITEM

01 おしゃれメンズの友達からget!

02 ロックTの中でもメタリカのデザインが一番好き。これもおしゃれメンズの友達からもらっちゃいました(笑)。

03 マイケル・ジャクソンT。よく似ているって言われるから(笑)。表参道の古着屋さんLong Beachで購入。

04 L.A.のTシャツのヴィンテージショップで購入。数あるKISSのTシャツの中でも、
シルバーとパープルの組み合わせがお気に入り。

05 撮影で着て、一目惚れして買い取ったTシャツ。ローリングストーンズのTシャツは1枚は持っておきたくて、
これはダメージ具合も色褪せ加減も形も完璧だったから即決。

06 メンズのGIVENCHYのTシャツ。シンプルなロゴTの中でもハイブランドのものは今っぽくて好きなの。
これはさらにダメージ加工が施されていて、そこが気に入っちゃった。

07 L.A.のヴィンテージショップで購入。

08 これもL.A.のヴィンテージショップで購入したイギリスのロックバンドDef LeppardのTシャツ。このバンドの曲もよく聴きます。

09 オープニングセレモニーのメンズフロアで巡り合った、スケーターブランドFUCKING AWESOMEのTシャツ。'90sっぽいところが好き。

10 L.A.のヴィンテージマーケットで買ったGUNS N' ROSESのツアーTはなんと自分が生まれた年のもの!! 褪せた色みもいい感じ。

11 ジャパニーズスタイルなTシャツも大好き! 日本に来たツーリストっぽいTシャツを
あえて日本で着るのにもハマっているの。これはG.V.G.V.のもの。

12 バイクは乗れないけど、バイカースタイルは結構好きです。レザーにハーレーのTシャツを着たりしちゃうの。

13 スーパーヒーローもののパロディTも外せない。

This page: FROM RIGHT
HELMUT NEWTON Polaroids /
FANPAGES / Christian Louboutin /
WHAT WE WORE A PEOPLE'S HISTORY
OF BRITISH STYLE / a denim story / Dior IN VOGUE

next page: FROM TOP
CHLOË SEVIGNY / self service/JANE & SERGE a family album
by Andrew Birkin / Marilyn / the audrey hepburn treasures /
GISELE / KATE MOSS / Cartier PANTHÈRE

ON MY BOOKSHELF

"
小さい頃から「一番好きなお店は？」って聞かれると
地方にある「大きく"本"って看板のある本屋さん！」と答えていたほど、
本屋さんは私にとってキャンディストアのような存在なの。
家族はそれを知っていたからか、合気道のお稽古の帰りにはお父さんがご褒美に
本屋さんへ連れて行ってくれたし、お姉ちゃんはドライブに行くとき、
必ず「本屋さんに寄らなくて大丈夫？」って確認してくれた（笑）。
ママとアリゾナへ行くときも、搭乗前に本屋へ行くのが恒例でした。
今では写真集を1ヶ月に1冊買うことが自分自身へのご褒美。 "

issey miyake
SHIMA HARAJUKU LEAPのとなりにある1階のセレクトショップで買いました。ピンクの丸いレンズが個性的でキュート!

オープニングセレモニーで買ったピンクのMYKITA。

PRINCESS
HIKI

こんなキャットアイなサングラスも可愛いよね。

Eye wear

エストネーションで、PALMSのティアドロップをクリアレンズにカスタマイズしたメガネ。

DEVON 001 55□19-145

SAINT LAURENT
PARIS

SAINT LAURENT
ラウンドシェイプが多い中で、このフレームの大きいスクエアタイプは大のお気に入りなの。

my favorite things

ユニークな色や素材のチープシックなアクセサリーに、
自分に自信を持たせてくれるファインジュエリー。
デニム×Tシャツのルックにキャップを被るのと、パールのピアスを
するのとでは、同じ着こなしでも見え方や女性像がまったく
変わってしまう。それがアクセサリーやジュエリーの魅力。
何歳になってもそれを楽しんでいたい。今日は遊びのある
女性を演じる？ それとも上品でエレガントな女性を演じる？

shine always!

赤いサングラスに真っ赤なリップ
を合わせるのが大好き！

Dior
色違いを4つ持っているほど大好きなかたち。

MIU MIU
ブラウンがかった薄いレンズがレトロで一目惚れ。

L.A.のヴィンテージマーケットで
買ったミラーレンズのサングラス。
サングラスは無くしちゃうことが多
いから、チープでめずらしい形の
ものも集めているの。

友達のブランドのデニムキャップは
「どこの?」ってよく街で聞かれる(笑)

HA HA HA HA HA HA HA HA

HARDING LANE

オープニングセレモニーで購入。パステルカラー
にユニコーンの刺しゅうがドリーミーで可愛い!

Handmade

名前を忘れちゃったんだけど、原宿
のBERBERJIN®の近くのTシャツと
かたくさん売っているカラフルなヴィ
ンテージショップで購入。

LOVE & PEACE

fuwa fuwa

Earrings

Caps

ゴールドプレートのピアスはバレンシアガのもの。

Meow♡

Market in London

ロンドンの市場で買いました。夏にこういうボリューミーでキャッチーなピアスをつけるのが好き。

Handmade

黄色いフリンジピアスと同じお店で購入。遊び心のあるピアスはコーディネートのアクセントにぴったり！

LANVINのビジューつきピアス。

"It is the time you have wasted for your rose that makes your rose so important."
-Antoine de Saint-Exupéry

あんたが、あんたのバラの花をとてもたいせつに思ってるのはね、
そのバラの花のために、ひまつぶししたからだよ。 - サン＝テグジュペリ

IN BLOOM

"The flower that blooms in adversity is the most rare and beautiful of all."
-Walt Disney Company,Mulan

逆境の中で咲く花は、どの花よりも貴重で美しい。
- ウォルト・ディズニー・カンパニー／ムーラン

"Forgiveness is the fragrance that the violet sheds on the heel that has crushed it." *-Mark Twain*

許しとは、踏みにじられたスミレの花が、
自分を踏みにじったかかとに放つ香りである。 - マーク・トウェイン

"Women are as roses, whose fairflower being once displayed, doth fall that very hour." *-Shakespeare*

女はバラのようなものでひとたび美しく花開いたらそれは散る時である。 - シェイクスピア

"Love is like a flower —you've got to let it grow." *-John Lennon*

愛とは、育てなくてはいけない花のようなもの。 - ジョン・レノン

ART by tondabayashiran

Heart break hotel

失恋ぐらいするわよ

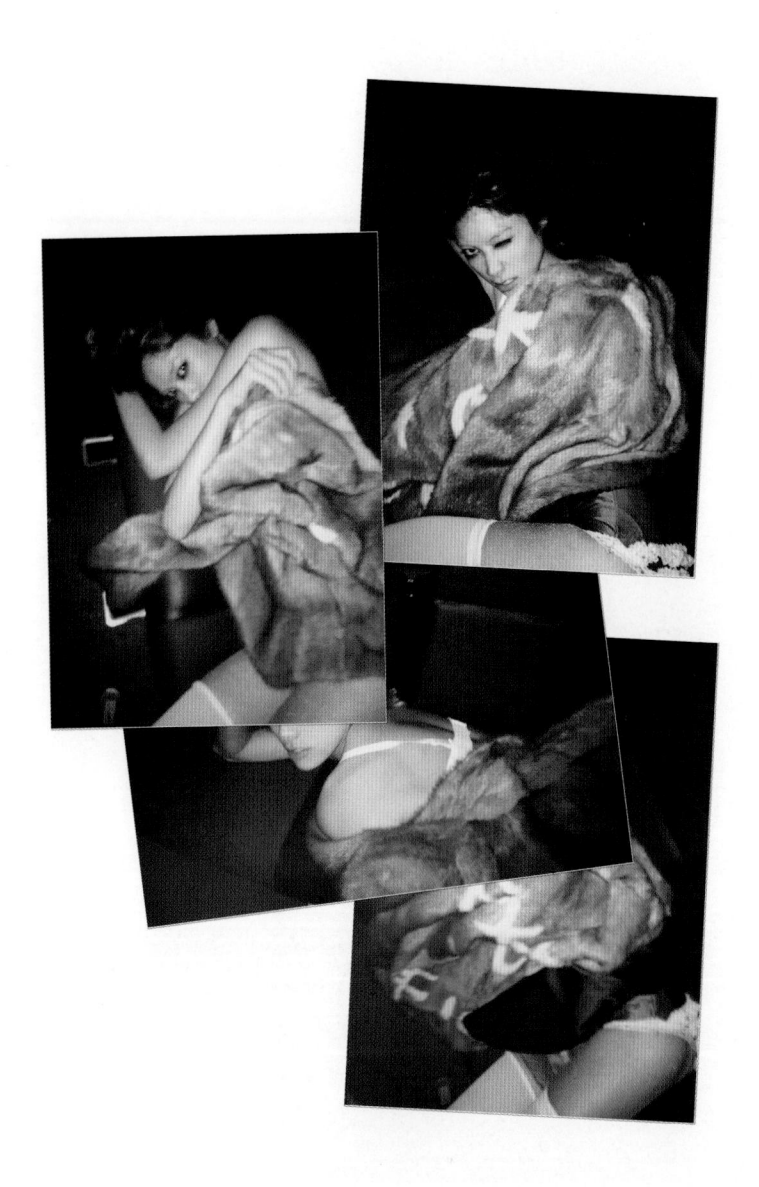

BEAUTY SLEEP

You know that place between
sleep and awake?
That place where you still
remember dreaming?
That's where I'll always love you...
That's where I'll be waiting

TINKERBELL

あなたに睡眠と目覚めの間にある場所が分かる？　夢を見ていたことをなんとか覚えているあの場所？
そこで私はいつもあなたを思うから。その場所で私は待ってるから。 -ティンカーベル

人間って人生の1/3は寝ているって言うでしょ。それを聞いてから"寝るのがもったいない"と感じてしまって、夜更かしばかりしていました。でもね、そうするとなんだか思い通りにいかなくて。やっぱり"寝る"ことにはちゃんと意味があるんだなって。

フランソワーズ・モレシャンさんにある日聞いたの。
「なんでそんなに変わらず美しいの?」
そうしたら「私は早寝早起き。絶対にゴールデンタイムには寝て、朝の5時に起きてコーヒーを飲みながら新聞を読むことが日課なのよ」。

THE ABSOLUTE ESSENTIALS THAT HELP

ROOM WEAR / Sieste Peau

アルパカ100%のセットアップルームウエア。ふかふかした着心地はまるで天国！ 室内だけじゃなくて外にも着ていけるデザインだから、早朝から外出するときはそのまま出掛けちゃうの。

CANDLE

パリで買ったシナモンの香りのキャンドルはデザインも好み。フタつきだからそのまま旅先にも持って行って、ホテルのスリーピングタイムを自宅みたいに快適に過ごしているの。

NIGHT WEAR / Priv. Spoons Club
EYE MASK / MARY GREEN

お姉ちゃんからもらったPriv. Spoons Clubのパジャマはキャンディみたい。お気に入りのアイマスクと。いい子のときは"good girl"、悪い子のときは裏の"bad girl"にして寝ています（笑）。

ROOM SLIPPERS / Priv. Spoons Club

ドレッシーな気分にしてくれるルームスリッパもPriv. Spoons Clubのもの。スリッパなのにちゃんとヒールがあるところが好き。これを履いているとなんだかテンションが上がるの。

ME GET THE BEST POSSIBLE SLEEP ☆

NIGHT WEAR / Priv. Spoons Club

マニッシュなデザインなのに女性らしいシルク素材っていうところがクール。まとわりつくような質感が着ていて気持ちいいの。シルクって肌にもすごくいいらしいです。

SLEEPING ROBE / YUMMY MART

バスタイムのあとはピーチジョン・YUMMY MARTのふわふわローブを。ボディークリームを塗ったらばたんきゅ〜！ リラックスできる時間を作るのはそんなに難しいことじゃない。

ROOM FRAGRANCE / ROSY RINGS

心地良い睡眠に香りは欠かせない。行く先々でディフューザーを買っては新しい香りとの出合いを楽しんでいます。これは天然の草花やスパイス入りでインテリアとしても◎。

LINGERIE DRESS / VICTORIA'S SECRET

VICTORIA'S SECRETのランジェリー。この素材が大好きでローブも持っています。このランジェリーに香水を振りまいてから寝るとプリンセス気分を味わえちゃう。

#ootd

#denim darling

DENIM ADDICT

デニムに目覚めたのは2年ほど前から、と実は遅咲き。
それまでは食指が伸びず、引き出しの奥へしまい込んでいました。
デニムってシンプル過ぎて物足りない感じがして、
何に合わせたらいいのかとか、自分に合う丈感とか、ずっと分からなくて。
でも仕事を通じて色々なデニムと出合って、
今まで考え過ぎていたことにやっと気がついたの！
何を合わせたっていい、どんな丈感だって自分が良ければそれでいいんだって。
その自由さが魅力なんだと知ってから、私はデニムの虜になりました。

FROM RIGHT

撮影で着た後、スタイリストの白幡啓さんに頂いたリーバイスのヴィンテージデニム。
色み、引きずるほど長いレングス、ぶっといシルエット全部がラブ。

ロンハーマンで取り扱っているRE/DONEという、今イケてるリメイクデニムブランドのもの。自分のオンリーワンデニムにやっと出合えた！

横にスリット入り。セクシーなデニムも大好きです。

ハワイのTHE SEA CLOSETというセレクトショップで購入したOne Teaspoonのデニム。
元々激しめのダメージ加工だったんだけど、履いているうちにもっと穴が大きくなっちゃって（爆）。それも味なんだと気に入っています。

イタリアブランド、Calzedoniaのデニム。夏に水着と合わせて着たくなる タイトなシルエットなの。
スパンコールで描かれたパイナップルとソフトクリームが可愛くて、自分の子どもが着るときまで取って置きたい(笑)。

アレキサンダーワンのオーダーメイドデニム。"WORK HARD, PLAY HARD" って私が大切にしている言葉を
お尻のポケットのところに入れて、フロントには名前にちなんだ"ROLLING STAR" って言葉を入れた、世界にひとつしかないデニム。

マルケスアルメイダのデニム。裾のダメージ加減もイケてて、ブルーの感じも好き。
ベルトホルダーが無いデザインも気に入っているの。あえてベルトをきつく締めて、上の部分を出して履きこなしたら可愛いなって。

アイ　ラブ

東京は新しいものを取り入れて、吸収していく街。
子どもの頃に見た景色がどんどん変わっていってしまうのは少し悲しいけれど、
それと同時に、常に進化していく姿はとても魅力的。わくわくドキドキ。
でもね、いまだに変わらず残っているものに巡り合えた
瞬間に味わえる安らぎが、私はとても好きなのです。

@ SHIBUYA-KU PM10:00 with akachochin

トーキョー

@ MINATO-KU　PM9:00 with tokyo tower

TOKYO HOT SPOTS ★

—— SHOPPING

OPENING CEREMONY

セレクトが可愛くて、プライベートでもよく買い物に行っています。
店員さんも親切でやさしくて大好き！

🏠東京都渋谷区神宮前 6-7-1-B ☎03-5466-6350 🕐11:00 〜 21:00 ㊡不定休
http://www.openingceremonyjapan.com/

—— READING

BOOKMARC

おしゃれな本や写真集がたくさんあって、テンションが上がります。
インスピレーションをもらう場所。

🏠東京都渋谷区神宮前 4-26-14 ☎03-5412-0351 🕐11:00 〜 20:00 ㊡不定休
http://www.marcjacobs.jp

—— HEALTHY

クレヨンハウス東京店

小さい頃からよく行っていて大好きな場所。
今は 3F でオーガニックのものを買うことが多いかな。

🏠東京都港区北青山 3-8-15 ☎03-3406-6308 🕐11:00 〜 19:00（土日祝は 10:30 〜）／
レストランは 10:30 〜 23:00／野菜市場は 10:00 〜 20:00 まで
㊡年末年始 http://www.crayonhouse.co.jp/shop/c/c

—— ORGANIC

Farmer's Market @UNU

最近料理にハマっていて、材料からこだわるようになりました。
健康って大事だからね。

🏠東京都渋谷区神宮前 5-53-70　青山・国際連合大学前広場　📧info@farmersmarkets.jp
開催日：毎週土・日曜日 🕐10:00 〜 16:00 http://farmersmarkets.jp/

—— SOUL

明治神宮

昔からここで合気道を習ってます。天気のいい日は
芝生も気持ちいいし、広いから散歩にぴったり！

🏠東京都渋谷区代々木神園町 1-1 ☎03-3379-5511（代表）🕐日の出〜日の入
（月によって異なる）㊡無休 http://www.meijijingu.or.jp/

—— EAT

JOJO

誰がなんと言おうと、お店そのものが可愛い！
ちょっとクセのあるアクセサリーが欲しいときに。

🏠東京都渋谷区円山町 14-11 1F　☎03-3464-4314　🕐15:00 ～ 23:00　㊡水曜日
https://www.instagram.com/shushujojo/

—— ARCADE

上野のアメ横

街全体がにぎやかで、色んなお店がひしめき合っていて、
まるで宝探し（笑）。楽しいなぁっていつも思う。

🏠東京都台東区上野 6-10-7（アメ横商店街連合会）　☎03-3832-5053
http://www.ameyoko.net/

—— PLAY

東京ディズニーシー

最近でも1年に2、3回程度行っくいるけれど、
昔は期末テストが終わるたびに行っていました。

🏠千葉県浦安市舞浜1-1　☎0570-00-8632　🕐日によって異なります　㊡無休
http://www.tokyodisneyresort.jp/tds/

—— BREAK

人間関係

高校生の頃によく通っていたカフェ。内装が可愛くて、
フードもおいしくて。思い出の場所。

🏠東京都渋谷区宇田川町 16-12　☎03-3496-5001　🕐9:00 ～ 23:30（L.O.23:00）
㊡元旦　http://www.kumagaicorp.jp/brand/ningenkankei/

—— GLAMOR

プロマイドのマルベル堂

ここの良さは、昔にタイムスリップできるところ。
レトロなファッションをチェックするのもおすすめ。

🏠東京都台東区浅草1−30−6 新仲見世アーケード内　☎03-3844-1445　🕐11:00 ～
19:00、土日祝 10:30 ～ 19:00　㊡無休　http://www.marubell.co.jp/promtop.html

ART by kqqtqqq

GIRLS JUST WANNA HAVE FUN

生きていく中で色んな人に出会って、
お互い成長していく中で刺激し合って、
考え方をシェアして……
それは年齢も性別も職業も全く関係なく。
忙しくて周りが見えなくなったとき、
立ち止まって自分の居場所を確認します。
そうすると私は人に恵まれているなと実感して、
感謝の気持ちでいっぱいになります。
みんな、ありがとう！

Mona Matsuoka

ヒッキー♡♡♡ スタイルブックおめでとう！ ちょーおしゃれの勉強になるよ♡ Love youuu xxx 松岡モナ

Bungo Tsuchiya

元気で明るい太陽のようなヒッキー。いつもみんなをHAPPYにしてくれてありがとう！ 土屋文護

Riku Oshima

スタイルブック第2弾発売おめでとう！ これからも多くの人を魅了し続けて下さい！ 大島 陸

Aya Karimura

人の気持ちにとっても敏感で優しくてたまに疲れちゃうこともあるだろうけど、体全体でどんな人も受け入れる星のおっきな愛がこれからも世界中に広まりますように♡ 上村 綾

星ちゃん、2冊目おめでとーなー☆ 仕事もプライベートも充実させて人生最高に爆笑していこー!! みんなをハッピーにしている星にマジ尊敬っ！ 辛いときはカラオケいこーぜー（笑）。松田晃斉

Kosei Matsuda

Shino Suganuma

ポジティブハイパーハッピーヒッキー☆ Big LOVE♡ VIVA HIKI!! 菅沼詩乃

☆ブック2発売おめでとう♡ 家パーティはよしよーぜい。パスタ担当はあなたxxx！ 広瀬ケリー姫子

Kumi Saito

ヒッキー、starlish*出版おめでとう♡ みんなを愛と笑顔で包み込む最高のエンターテイナー！ All the best, Lots of love♡ 斉藤くみ

いつも会うとHAPPYにしてくれてありがとう〜〜！ 心の綺麗な星がダイスキやで☆ 阿部妙子

Taeko Abe

Hirose Kellie Himeko

Lala

Dear Hikari Dikariiiii!! Since the night, our friendship grew all of a sudden! 日本に戻るたびにキャッチアップするのが楽しみすぎるだよ!! Love you bae♡ らら

星ちゃんは旬な人、キラキラしている流れ星のような人。美しすぎて、儚く思っちゃうこともあり、そういった瞬間を写真に撮れて私は幸せだ。更井真理

Mari Sarai

You are starlish☆☆ おばあちゃんになってもー緒にハロウィンしよっ！ Biiiig love! ノーマ

NOMA

nanako

星はみんなを笑顔にしてしまうハッピーエネルギーの源！ いつでも応援してるよ♡ 大好き♡ nanako

Aki Otsuka

いつも心を綺麗にしてくれてありがとう！たくさん悩んで笑って、夢を叶えよう♡ だいすき！ 大塚あき

2 ◀ RVP100

Teddy Wilkins

Slowly watching you blossom into the signature flower you're created to be is unconditionally significant us all! Do continue to impact & inspire others with that unique starlight that only you can shine! Burn bright Hiki*

2 ◀ RVP100

Tasuku Nagase

STYLE BOOKおめでとう！ 熟読します。同い年としていつも刺激をもらっています。そしていつも笑顔をありがとう！ また宇宙の話で盛り上がりましょう。永瀬 匡

Yuka Mizuhara

mifune

好奇心旺盛で頑張り屋の星ちゃん。また会いたくなる不思議なパワーを持っている人なんだよね！ いつまでも無邪気な大人でいてねー☆ 美舟

フォトブック発売おめでとう！ いつもパワフルなひっきーが大好きだよ♡ 水原佑果

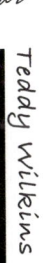

#behindthescenes

趣味は？って聞かれたら「仕事！」って答えちゃうくらい、
自分の中の大部分を占めているもの。ドリームブックに
描き続けてきた憧れの仕事に就くことができた今、
自分のアイデンティティを確立できるよう、
日々精進していきたいと思っています。

ITEM CREDIT

01 02 03 04 05 06

07 08 09 10 11 12

13 14 15 16 17 18

19 20 21

CONTACT

クリスチャン ディオール
0120-02-1947

grapevine by k3 aoyama
03-5772-8099

Christian Louboutin Japan
03-6804-2855

GR8
03-3408-6908

ALEXANDER WANG
03-6418-5174

イーストランド
03-6712-6777

グッチ ジャパン カスタマーサービス
0120-88-1921

AMBUSH® WORKSHOP
03-6451-1410

FUNKTIQUE
03-6434-0987

原宿シカゴ 神宮前店
03-5414-5107

Bijou R.I
03-3770-6809

GABRIELLE PECO
03-3498-7315

H3O Fashion Bureau
03-6712-6180

JENNY FAX
03-6304-0838

Katie
03-3496-4885

KINSELLA
03-6447-4544

k3 OFFICE
03-3464-5357

LABORATORY/BERBERJIN®
03-5414-3190

Marginal Press
http://www.marginal-press.com

NUDE TRUMP
03-3770-2325

OPENING CEREMONY
03-5466-6350

Priv. Spoons Club 代官山本店
03-6452-5917

LABRAT BOUTIQUE
03-5474-6060

rag & bone Omotesando
03-6805-1630

Sister
03-5456-9892

月影屋
03-3465-7111

VERSACE JAPAN
03-3569-1611

Be yourself!

最後まで読んでくれてありがとう！ こうやって巡り会えたことを心から感謝します。これからの人生、お互い色んなことがあると思うけど、私は私らしく、あなたはあなたらしく、いられたら素敵だね。あなたの幸せを心から祈っています。

森 星より

Thanks so much for reading this all the way to the end. I would like to take this chance to thank you personally for your support. I wish you the best of luck and to stay true to yourself no matter what, because what you are is incredible!! Love, Hikari xoxo...

PROFILE

HIKARI MORI
ファッションモデル。175 センチメートル。

STAFF

in LA shooting
photo: SARAI MARI[SLITS]
styling: SHINO SUGANUMA[TSUJI OFFICE]
hair & make-up: MIFUNE[SIGNO]
coordination: MEGUMI YAMANO

in JAPAN shooting
photo: BUNGO TSUCHIYA[TRON]
styling: SHINO SUGANUMA[TSUJI OFFICE]
hair & make-up: Nanako[SHIMA], MIFUNE[SIGNO](P.66-71)

still photo: MAYA KAJITA[e7], MARI YOSHIOKA(P.92-93, P.122-125)

Illustration:
HARUKA KAMIYA(P.22-23), KEI SEKIKAWA(P.62),
dalazdaakaa(P.63), WALNUT(P.88),
tondabayashiran(p.110), SHOGO SEKINE(P.111),
Kelly(p.126), kamiya-kaori(P.134), kqqtqqq(P.135)

art direction&design: TOMOKO TSUKIASHI

edit: TOMOMI TOBITANI
edit in chief: TOMOKO KODERA

writing: MINA YOSHIOKA(P.30, P.42-47),
YOKO ABE(P.92-93, P.132-133)

artist management: Image Corp.
KEI CHEN, KELLY YEUNH, SAYUKI MORI

special thanks
TAKUYA KIMBARA
Priv. Spoons Club 代官山本店

starlish*

2016 年 12 月 8 日 第 1 刷発行
著者　　　森見清一
発行人　　蓮見清一
発行所　　株式会社 宝島社
　　　　　〒 102-8388
　　　　　東京都千代田区一番町 25 番地
　　　　　電話　編集：03-3239-0926
　　　　　　　　営業：03-3234-4621
　　　　　http://tkj.jp
印刷・製本　日経印刷株式会社

ISBN978-4-8002-5810-6